AF198265

Romy Schneider

Adieu Romy – Portraits und Filmbilder

Ein »Geschenk« für jeden Romy Schneider-Fan: Zu ihrem 80. Geburtstag (am 23. September 2018) haben wir in unserer Bibliothek der Klassiker einen Doppelband zusammengestellt, der die schönsten Portraits, Filmbilder und privaten Aufnahmen aus unseren Romy-Büchern der letzten drei Jahrzehnte versammelt. Ein wechselvolles, überaus erfolgreiches, aber auch tragisches Leben – Romy Schneider starb 1982 mit nur 43 Jahren – wird hier noch einmal in all seinen Facetten sichtbar. Von *Sissi* (1955–57) bis zur *Spaziergängerin von Sans-Souci* (1982), ihrem letzten Film, vom »süßen Wiener Mädel« bis zur gefeierten Ikone des französischen Films spannt sich der Bogen ihrer Karriere über die wenigen Jahrzehnte, die ihr vegönnt waren und die dennoch ausreichten, um sie zur unsterblichen Legende werden zu lassen.

Drei Texte begleiten die opulente Bilderschau. Klaus-Jürgen Sembach, Museumsmann und Publizist, beleuchtet Romy Schneiders biographischen Werdegang, die Schauspielerin Hanna Schygulla widmet ihrer Kollegin einen einfühlsamen Essay und Michel Piccoli, mehrfacher Filmpartner und Freund, schrieb ihr ein Grußwort zum Abschied.

192 Seiten, 115 Tafeln in Farbe und Duotone
ISBN 978-3-8296-0857-2

Romy Schneider

Adieu Romy – Portraits und Filmbilder

MIT TEXTEN VON
KLAUS-JÜRGEN SEMBACH, HANNA SCHYGULLA
UND MICHEL PICCOLI

Schirmer/Mosel

»Je suis là«

»Je suis là« – das war nur Rollentext in dem Film *Nachtblende*, ein Satz wie so viele andere, erfunden zur Charakterisierung einer Situation. Doch die irritierende Bestimmtheit, mit der er vorgetragen wurde, erhellt den Moment über alles narrativ Notwendige hinaus. Zu erkennen war, dass die Schauspielerin, die ihn aussprach, in unvergleichlicher und das Übliche sprengender Weise anwesend war. Zumindest im Film. Hinzuzufügen ist: vor allem im französischen Film. Der genannte Titel bezeichnet eine der größten Herausforderungen, denen sich Romy Schneider gestellt hat. Inszeniert von einem polnischen Regisseur, war der Film 1974 in Paris entstanden. Er zeigt seine Hauptdarstellerin mit ungeschminktem Gesicht in einer verstörend plakativen Handlung. Sie spielt eine in ihrer Karriere abgesunkene und erfolglose Schauspielerin. Krasser noch als sonst kam hier zum Ausdruck, was die Interpretin im besonderen auszeichnete: Ihre Präsenz auf der Leinwand war von einer solchen Dichte und Direktheit, dass es eigentlich unumgänglich ist, eine erotische Beziehung zu dem Aufnahmegerät zu unterstellen.

Die einzige Bindung, die im Leben von Romy Schneider Bestand hatte, war die zur Kamera gewesen. Die Umstände ihrer Biographie erhellen das hinlänglich. Ihr Spiel auf das Bild hin war von einer Intensität, die fern von allem Tragödinnengestus sonst nur in heroischen Momenten des Stummfilms erreicht worden ist. Großaufnahmen ihres Gesichts prägten sich in ganz anderer Weise ein als die schönen Hervorhebungen, die üblich waren. Zu beobachten ist eine existentielle Äußerung, die den Zuschauer ganz unmittelbar zu erreichen vermochte.

Hierin lag der Schlüssel zu ihrem Erfolg. Sie war nicht in jener Weise ein Star, dass sie zum Idol werden konnte, sondern sie bezwang durch eine Individualität, die bedingungslos echt war. Dabei wechselte sie vielfach die Rollen und schließlich auch die Nationalität. Und sie entzog sich der Gewöhnung immer dann, wenn diese sie einzuholen drohte, und kehrte im Widerspruch zur Erwartung zurück. Das gelang ihr mehrfach und erledigte alle Klischees.

Zu fragen bleibt, ob sie sich ihres Mutes bewusst gewesen ist und nicht aus Haltungen heraus gehandelt hat, die von Affekten bestimmt waren. Dennoch hat es sie immer weiter gebracht. Sie setzte sich durch und war da – akklamiert von einem Publikum, das sich ihr, wenn auch mit Schwankungen, ergab. Doch die Risiken blieben unübersehbar. Die Karriere hing trotz aller Selbstbehauptung von den Angeboten ab, die zur Entfaltung notwendig waren. Erzeugte nun die Individualität der Schauspielerin die dankbar zu akzeptierenden Rollen, die man ihr in Paris in größerer Zahl bot, oder hatte Romy Schneider nur das Glück, in Frankreich auf eine intelligente Filmindustrie mitsamt einem wachen Publikum zu treffen – beides stark genug, auch sie zu tragen? Angesichts der Umwege und falschen Fährten, die für sie in Deutschland und in den USA, auch in England ausgelegt worden sind, besaß man offensichtlich nur in Frankreich ein Empfinden für sie und ihre Eigenart. So verdankte sie diesem Land ihre Formung und endgültige Gestalt. Das war ihr ohne Zweifel bewusst, und sie versuchte, darauf intensiv und mit Anspruch zu reagieren. Einfach und unkompliziert war wohl auch diese Beziehung nicht, aber sie beruhte zumindest auf gegenseitiger Achtung. Und schließlich am Ende der Karriere hatte sie sich zur Zuneigung gesteigert. Wenn es der geborenen Österreicherin einmal in ihrem Leben gelungen war, irgendwo anzukommen, dann hier. Aber vermutlich ahnte sie, wie verhängnisvoll diese lang ersehnte Ankunft sein konnte – sie ließ keinen Ausweg mehr zu.

Die Stationen ihrer Karriere sind hinlänglich bekannt und genügend oft ausgebreitet worden. Dennoch fällt es schwer, jene Entwicklung nachzuvollziehen, die von der frühen Festlegung auf süße Kindlichkeit bis zu der Reife reicht, die Romy Schneider zuletzt in Frankreich gewonnen hatte. Der Ausweg, an zwei Personen glauben zu wollen, führt zu nichts, denn die Wahrheit ist nun einmal, dass jenes Andere nicht ohne das Vorausgegangene zu haben war. Es liegt ein falsches Bedauern darin, leugnen zu wollen, dass die Romy Schneider der *Sissi*-Filme nicht auch schon sie selbst gewesen ist, innigst und restlos, gleichgültig, ob sie dabei glücklich war oder nicht. Der immense Erfolg ist ohne diese Deckung nicht zu erklären. Die Bestimmung, fast gänzlich in dem Metier aufzugehen, ist hier am Beginn der Karriere schon deutlich zu erkennen.

Auch führt keine noch so hurtige intellektuelle Volte daran vorbei, dass die kaiserlichen Bilderstreifen damals höchstes Menschenglück hervorriefen. Es gibt wechselnde Stufen der Verehrung und Zuneigung, aber jene Liebe und Verzückung, die Romy Schneider durch ihre Darstellung auszulösen vermochte, waren das Anzeichen einer grandiosen Befreiung. Ein Jahrzehnt nach dem Ende des Zweiten Weltkriegs war der Welt eine Jungfrau erschienen, die wieder Glauben und Hoffen möglich machte, endlich eine Verkörperung der Unschuld, die doch so quälend selten zu finden war. Denn die Konkurrentinnen, die vor oder mit ihr auftraten, waren schon etwas älter und entstammten noch der Agonie des Krieges: Sonja Ziemann, Hildegard Knef, Ruth Leuwerik, Maria Schell. Alles Frauen und nicht mehr die Verkünderinnen kindlicher Reinheit.

Somit war die Erwartung immens und überwältigend, irgendein Opfer – das konnte erahnt werden – würde erfolgen müssen. Vorerst darf jedoch konstatiert werden, dass Österreich, geschickt wie oft in jenen Jahren, mit Romy Schneider eine Wiedergutmachung für den gemeinsamen Landsmann Adolf Hitler anbot. Die Gegensätzlichkeit der Gaben konnte kaum diametraler sein, aber da Verblüffung eine wirksame Methode ist, gelang der Coup, und die Rechnung ging auf.

Streng genommen war eine Schauspielerin, die 1938 in Wien geboren worden war und ein Elternpaar besaß, das wechselnd in Österreich und Deutschland arbeitete und das dank seiner Prominenz dem Zentrum des Nationalsozialismus zwar nicht unmittelbar nahe, aber auch nicht fremd war, keineswegs so unbelastet, wie man zu glauben gewillt war. Einiges musste auch schon das Kind Rosemarie Schneider erfahren haben. Doch gewichtiger war anderes. Der umschwärmte schöne Vater Wolf Albach-Retty, der sich der Familie früh entzog und zum Schemen wurde. Damit wurde er zu dem, was er auch für andere darstellte: ein Filmheld. Zu finden einzig und allein auf der Leinwand und für das Kind nur dadurch zurückzuerobern, dass es sich derselben Sphäre zuwandte. Daneben die Mutter Magda Schneider, deren Karriere nur vage Konturen besaß und die eine Herausforderung nicht wirklich bestanden hatte. Als sie unter der Regie von Max Ophüls 1933 die Christine in der Verfilmung von Schnitzlers *Liebelei* spielen durfte, bildete sie das einzige schwache Glied in einer Kette vorzüglicher Darsteller. Es blieben danach nur belanglose Lustspielrollen, die für ein gefälliges Leben reichen mochten. Doch da die Fortsetzung nach dem Krieg nicht gelang, lag es nahe, die Verluste – Mann und Karriere – durch das Kind auszugleichen. Es gibt dazu Parallelen – ein zwiespältiger Stoff.

Seine Umsetzung ins Leben begann in diesem Fall mit einem Namen, der zumindest im Deutschen durch die Endung eine Festlegung auf's Kindhafte, bestenfalls Soubrettenmäßige besitzt. »Romy« ist für sich genommen eine Albernheit. Aber durch die Verzauberung, die seine Trägerin ausübte, ist diese Verstümmelung goutiert und später nie mehr überprüft worden. Am Anfang passte sie ja auch ganz gut zu dem unfertigen Gesicht. Dieses war berührend offen, aber nicht im kanonisierten Sinne schön. Das verhinderte vor allem die zu breite Nase. Um so faszinierender war die spätere Verwandlung, das Immer-Reifer-Werden eines Gesichts, das seine eigene Gesetzlichkeit entwickelte. Töricht waren noch die Jungmädchenfrisuren gewesen, die man ihr in den deutschen Filmen verpasste. Erst als die Haare straff nach hinten gekämmt wurden, erschien zum erstenmal das Antlitz und war bezwingend da. Weggewischt nun die früher gehegte Verschämtheit. Das geschah, als Romy Schneider bereits die erste Phase ihrer Karriere abgebrochen hatte und ins Ausland gegangen war.

Nachdem man ihr in Deutschland nur noch preziöse, aber letztlich hohle Rollen zu bieten gewusst hatte – Titel wie *Monpti, Die Halbzarte, Ein Engel auf Erden, Die schöne Lügnerin* –, tat sie gleiches wie einige Kolleginnen zuvor, die sich anderswo bessere Möglichkeiten erhofft hatten, als sie der perfekt geglättete deutsche Film bot. Erfolgreich waren sie damit immer nur zeitweise gewesen, und in der Regel kamen sie zurück. Die Heimatflucht wurde jedoch einer Maria Schell oder Hildegard Knef nie verziehen, und das rachsüchtige deutsche Publikum war kaum geneigt, sie wieder aufzunehmen. Romy Schneider musste deshalb wissen, welches Risiko sie einging, als sie 1959 nach Paris zog. Ihr Abgang konnte nur als Verrat gewertet werden. Was einige Jahre früher Ingrid Bergman Amerika zugemutet hatte, als sie Hollywood für ein italienisches Abenteuer aufgab, tat nun in verwandter Weise die Deutsche ihrem Land an. Hass und Häme waren unausbleiblich. Zuvor schon hatte die Weigerung, zum vierten Mal die Sissi zu spielen, die Abtrünnigkeit annonciert.

Hatte vorher Romy Schneider Österreich exkulpiert, so trieb sie nun trotz heimatlicher Ablehnung die deutsch-französische Verständigung voran. Was auf der politischen Bühne zwei alte Männer zu realisieren versuchten, vollzog die Actrice auf ihre Art, indem sie sich mit einem Kollegen im anderen Land verband. Eher marginal war dabei, dass dieser – Alain Delon – gut zum Erwecker taugte, aber kaum für eine längere Bindung geeignet war. Der Schmerz muss prägend gewesen sein, aber auch fördernd. Und in Frankreich hatten sich ja auch andere Freundschaften ergeben, die der Karriere besser helfen konnten. Der italienische Regisseur Luchino Visconti hatte dem Paar, als es noch eines war, die Bewährung auf dem Theater ermöglicht, und Coco Chanel war dazu ausersehen worden, Romy Schneider beizubringen, wie sie sich anzuziehen habe.

Der Prozess einer Erziehung hatte begonnen, und die Schülerin erwies sich als formbar. Vielleicht war die Gelehrigkeit ein deutsches Erbteil. Doch es gab auch Vergeblichkeiten und Pausen: einige Filme in Hollywood, die nichts brachten, und die Heirat mit dem Schauspieler und Regisseur Harry Meyen, die Romy Schneider wieder für einige Zeit nach Deutschland ziehen ließ. Schließlich fand sie 1969 mit Claude Sautet den Regisseur, der ihre Fähigkeiten wohl am besten einzuschätzen wusste. Damals war Romy Schneider einunddreißig Jahre alt, und es folgten fünf gemeinsame Filme: *Die Dinge des Lebens, Das Mädchen und der Kommissar, César und Rosalie, Mado, Eine einfache Geschichte*. Letzterer kann mit seinem Titel auch für die anderen stehen, immer handelt es sich um Erzählungen der menschlichsten Art. Hierbei war oft, wie auch in anderen Filmen, Michel Piccoli ihr Partner. Man kann von einer idealen Zusammenarbeit sprechen.

Wiederholungen ähneln sich, aber sie leisten sich Abweichungen im Detail. Vierzig Jahre früher war Marlene Dietrich, damals achtundzwanzig Jahre alt, in Berlin dem Regisseur Josef von Sternberg begegnet. Das hatte zu einer Symbiose geführt, die ihre Fortsetzung in Hollywood fand und schließlich sieben gemeinsame Filme zeitigte. Auf den ersten Blick verbindet nur der Umstand die beiden Frauen, dass sie ihren Durchbruch im Ausland erfuhren und dass sie an ihrer Herkunft aus Deutschland litten. Ähnlichkeiten des Typs lassen sich nicht feststellen. Dennoch ist Romy Schneider die einzige Nachfolgerin der Dietrich auf dem Weg gewesen, ein deutscher Star mit Weltgeltung zu werden.

Dazu hatten vergleichbare Umstände beigetragen. Sowohl Marlene Dietrich wie auch Romy Schneider hatten die Regisseure gefunden, die sie passioniert förderten, und beide waren in ihrem Leben Männern mit französischen Pässen begegnet, die sie in besonderer Weise als Frauen bestätigten: Jean Gabin und Alain Delon (der jenem auch im Genre fleißig folgte). Was Travis Banton bei der Paramount für Marlene Dietrich gewesen ist, vollzog auf ihre Art Coco Chanel an Romy Schneider – nur dass Kleider nun nicht mehr so wichtig waren wie während der dreißiger Jahre. Entscheidend war schließlich gewesen, nicht *wie* Romy Schneider ihr Kostüm in dem Film *Boccaccio 70* trug, sondern dass und wie sie es ablegte. Einmal glichen sich auch die Posen: Wenn Romy Schneider provozierend ihr Bein auf einen Stuhl stellt, lässt sich kaum vermeiden, dabei an Marlene Dietrich zu denken, rittlings auf einem ähnlich billigen Möbel sitzend.

Was etliche gern gehabt hätten, war aber so einfach nicht zu erhalten: Für feministische Bestrebungen konnten beide nicht vereinnahmt werden. Dafür waren sie zu stark und selbstbestimmt und für die Opferrolle ungeeignet. Sie lebten längst das, was andere mühsam zu erreichen versuchten. Aber die Zeit hatte insofern für Romy Schneider besser vorgesorgt, dass nun im Film intelligentere Frauen verlangt wurden als früher. Dieser Umstand und ihre Reife ergänzten sich zum Schluss recht glückhaft. 1982 schloss sich dann der Kreis. Marlene Dietrich muss die Todesnachricht vernommen haben. Kann sie berührt gewesen sein? Das Überleben einer legendären Karriere hat sich inzwischen zu einer modernen Tugend entwickelt. Doch wie viele sind schon daran gescheitert – und so ist heute zu fragen, ob nicht gerade das die eigentliche Konsequenz ist. Rein summarisch spricht einiges dafür. Peinlich im Fall der Romy Schneider ist nur, dass viele später behaupteten, sie gekannt zu haben. Hat jemand ihr wirklich geholfen? Natürlich nicht, aber das war – verzeihend gesagt – in der Affäre auch gar nicht angelegt.

Als der Weg ausgeschritten war, geschah alles Folgende mit großer Regelhaftigkeit: das private Unglück und der Tod im erlösenden Moment. Alles besaß jene Bestimmtheit, die nur starken Naturen widerfährt. Kein Entkommen, aber auch kein Bedauern. Ist es vermessen, hier von einem antikischen Schicksal zu sprechen? Selten hat sich ein Mensch so vollenden können wie Romy Schneider bis zu dem Augenblick, in dem sie starb. Ihre letzen Rollen waren auch mit ihre besten gewesen, übertroffen werden konnten sie kaum. Ein Werk – und damit in unlöslicher Folge eine Person – hatten sich in grandioser Weise zu Ende gebracht. Der Akkord war stark und lebt nach: »Elle était là.«

»Wir sind aus solchem Stoff wie Träume sind,
und unser kleines Leben umringt ein Schlaf.«

Shakespeare, *Der Sturm*, IV/1

Es gibt unter den rätselhaften Geschichten des Jorge Luis Borges eine, die sich mir gleich eingeprägt hat. Vielleicht weil in ihr etwas von der Daseinsform des Schauspielers zum Gleichnis kommt. Es ist die Geschichte von den »kreisförmigen Ruinen«. Sie erzählt von einem Mann, der sich in dem verlassenen Kreisrund eines einstigen Feuertempels niederlässt, tagelang, wochenlang und länger noch, weil es seine Aufgabe ist, einen anderen Menschen zu erträumen, den er dann der Wirklichkeit aufdrängen wird. Dieses magische Projekt treibt seine Seele an den Rand der Erschöpfung. Zuerst erträumt er das Herz, bis es anfängt zu schlagen, dann erträumt er den ganzen Menschen mit größter Genauigkeit und dann tut er alles, damit seine Kreatur nicht zur Erkenntnis erwacht, dass sie nur ein Phantom ist, sein Phantom. Doch als dem Mann der Tod bevorsteht, entdeckt er schließlich, dass auch er nur Erscheinung ist, von einem anderen erträumt.

Der Schauspieler ist so ein Mensch, der in seinen Rollen Phantome erträumt, sie im eigenen Körper zum Leben erweckt, und wie oft erfährt er den Moment, da er nicht mehr so recht weiß, wer wirklicher ist, er oder sein Geschöpf. »Ich wollte leben und ich wollte gleichzeitig Filme machen. Aus diesem Widerspruch habe ich nie herausfinden können«, sagte Romy Schneider ein Jahr vor ihrem Tod, und ihr Leben selbst erzählt davon.

Sie kann noch nicht alles aussprechen. Sie sagt noch »blüde« statt »blöde«, aber so viel hat das Kind schon verstanden und spricht es auch aus: »das blüde Burgtheater nimmt mir meine Oma weg« (Rosa Albach-Retty).

Auch von der Mutter hat ihr das Schauspiel sehr wenig gelassen, so dass es zwischen der großen Magda Schneider und der kleinen Romy nie den »tötenden Alltag« gegeben habe. »Jeder Tag, den wir zusammen waren, war ein Festtag«, berichtet die Mutter-Diva, und auch der schauspielernde Papi war ganz das ferne Wesen und glänzte durch Abwesenheit. Als junges Mädchen sei sie »sehr gerne« im Zimmer ihres Vaters gesessen, der die Mutter und das Haus verlassen hatte. »Da war ich ganz allein und wusste, ich saß im Zimmer von jemand, der mich sehr liebte.«

Und ein Jahr später ist sie selbst schon ein leuchtender Stern am Himmel der räuberischen Filmwelt, und so sehr sie auch schon ahnt, dass es »Gift ist, das man schluckt, an das man sich gewöhnt und das man doch verwünscht«, schwimmt sie doch schwärmerisch im Glück. Sie ist gerade sechzehn Jahre alt geworden. Ihr Geburtstagstisch steht im Filmstudio und darüber ist groß geschrieben »Unserer kleinen Königin«, und sie findet es selber »einfach himmlisch, wundervoll, ein Traum«. Und dann wird sie bereits ein Jahr später wissend fragen: »Bin ich vielleicht nur eine Seifenblase, die so recht schillert vor Glück und eines Tages platzt?«

Und dann zwei Jahre später, in einem Alter, in dem die anderen erst aus der Kindheit erwachen und anfangen, bewusst zu leben, ist sie schon dabei, mit einem ersten Leben abzuschließen. In einem beispiellos heroischen Akt gegen den Willen ihrer Umwelt und den Druck der Filmindustrie nimmt sie alle Kraft im Alleingang zusammen, um das Triumphbild ihres Erfolges wieder abzuschütteln. Sie will nicht mehr Sissi sein, der Traum der Nation.

»Mir hing diese Person zum Hals heraus. Sie lächelte selig, wenn ich Lust hatte zu weinen. Ich kam mir wie ein österreichischer Schmarrn vor, den man verschlingen wollte.« »Ich bin nicht zuckersüß. Ich bin ungeduldig, eigensinnig, nervös.«

Unerschrocken steigt sie herunter vom Olymp ihrer Vergötterung, um zum Wesentlichen zu kommen, zu den echt dramatischen Rollen, die sie nun, nach dem echt dramatischen Bruch mit ihrem ersten Leben, in ihrem zweiten spielen will. Sie ist erst neunzehn Jahre und kann von sich sagen: »Ich gehe immer aufs Ganze. Ich führe eine Sache bis zum Ende. Ich verschwende mich. Ich liebe von ganzem Herzen.«

In der Folgezeit muss sie wieder ganz von vorne anfangen, und nun geht sie weit hinaus über den sonnigen Charme der süßen Wienerin und holt die ganze Spannweite ihres Wesens aus sich heraus. In dem Theaterstück *Schade, dass sie eine Dirne ist*, ist sie laut Alain Delon, dem Geliebten und Partner, »die Schamlosigkeit selbst und zugleich rührendste Reinheit«. Ihr zweites Erfolgsleben hat im Siegeszug begonnen. Doch auch jetzt taucht immer wieder wie von Geisterhand geschrieben das tragische Motto, die unlösbare Spannung ihres Lebens auf. Sie sagt: »Ich bin am glücklichsten, wenn ich arbeite«, und weiß doch schon im Voraus, dass »Idolfiguren eines Tages von der Leiter fallen, und dann aus Versehen ein unwirkliches Leben zu Ende gelebt ist«. Noch einmal versucht sie, das Steuer zugunsten des wirklichen Lebens herumzuwerfen. Sie heiratet (Harry Meyen) und bringt ein Kind (David) zur Welt. »Ob sich mein Leben verändert hat? Sagen wir, ich habe endlich eins. Ich bin ruhiger geworden. Ich habe nicht mehr denselben krankhaften Ehrgeiz wie früher.« Doch immer wieder wimmelt es in den seligen Äußerungen jener privaten Tage von den verdächtig hohlen Vokabeln des Glücks. Sie findet alles so »prima, fabelhaft, aufregend, hübsch und großartig«. Bis sie sich eines Tages zugeben muss: »Keine Frau ist in meinen Augen aufrichtig, die das höchste Glück ihres Lebens allein in der Mutterschaft sucht.« Die Schauspielerin in ihr sehnt sich nach Rollen. Sie geht von Film zu Film und von Erfolg zu Erfolg.

Paris Match nennt sie 1971 »das schönste Geschenk, das Deutschland oder Österreich – so genau kommt es darauf ja nicht an – uns seit der Dietrich gemacht haben.« Aber nach der Dreharbeit hat es dann immer zu viele von diesen Momenten gegeben, wo sie nach Hause kommt, »ausgelaugt und fertig«. »Da habe ich mich alleine gefühlt und konnte mit mir nichts anfangen.« Noch einmal versucht sie sich durch eine neue Ehe (Daniel Biasini) und erneute Mutterschaft (Sarah) zu retten. 1977 hat der Film sie wieder, und sie muss wieder anfangen, »obwohl ich sehr große Angst habe, wieder anzufangen nach der langen Unterbrechung, wo ich mich in mein Glück geflüchtet habe mit

Daniel, David und Sarah. Man wird niemals von der Angst kuriert.« Was ist es, das der Film ihr gibt, das das Leben ihr nicht geben kann? »Als Schauspielerin bin ich hemmungslos, privat das Gegenteil.« Und was ist diese Angst? Ist es die Angst vor der Rolle, oder ist es die Angst vor dem Leben? Jedenfalls braucht sie die Angst, wie sie sagt, sie sei stimulierend. Später wird sie sich gegen die Erkenntnis nicht mehr wehren wollen. Sie sagt: »Film ist für mich das wahre Leben.« Sie irrt im Labyrinth der Identifikationen. »Ich spiele nie mich selber«, heißt es an einem Tag und an einem anderen das Gegenteil: »Ich habe das Gefühl, dass von Film zu Film immer mehr von meinem eigentlichen Ich zum Vorschein kommt«, und manchmal schleudert sie der Welt in wütendem Selbstschutz entgegen: »Jeder, der glaubt, ich sei wie in meinen Filmen, ist ein Idiot.«

Das *Trio Infernal* liegt hinter ihr, und weiter werden ihre Filme immer schwärzer, und ihr Leben auch. Der Ex-Mann erhängt sich, und ihr gemeinsamer Sohn stirbt an der Wunde des Eisenpfahls, der seinen Körper durchbohrt, als er über den Zaun springt. Sie versucht weiterzuleben, mit weiteren Filmen. In *La mort en direct* (Tavernier) spielt sie eine todkranke Frau, die einwilligt, ihr Ende von der Kamera ablichten zu lassen, und ihr letzter Film, *Die Spaziergängerin von Sanssouci*, der der erste Film war, der auf ihr Betreiben hin entstand, ist ein Spaziergang in den Tod. Sie hat ihn Toten gewidmet: »Für David und seinen Vater«. Romy Schneider ist an gebrochenem Herzen gestorben, lesen sich die Schlagzeilen am 29. Mai 1982, und es liest sich wie der traurige Schluss eines Märchens, des Märchens von der Königin mit dem seligkeitsverheißenden Lächeln und dem melancholischen Blick, der die andere Seite der Dinge kannte.

Es gibt Gesichter, auf denen man lange verweilen kann, Gesichter, in die man träumend versinkt, denn sie sind uns sehr nah und haben doch auch etwas von so fern Herkommendes, dass sie uns weit weg entführen. Sie hat so ein Gesicht. Manche haben von der Musik in diesem Gesicht gesprochen. Für den einen war sie Mozart und für den anderen Verdi oder Mahler, Musik zwischen seliger Gelöstheit, dramatischster Spannung und dem Wissen um die Unlösbarkeit dieser Spannung.

Für mich gibt es in diesem Gesicht das faszinierende Gleichzeitige von großer Sinnlichkeit und etwas Metaphysischem, wie ich solches wiederfinde in dem leuchtenden Lächeln fernöstlicher Buddhas im Saal der kambodschanischen Khmer im Musée Guimet in Paris, wie sie da zu mehreren aufgereiht stehen, keineswegs schematische Götterbilder, sondern jeder vom anderen so verschieden, dass es ein ganz bestimmter Mensch gewesen zu sein scheint, durch den ein Gott strahlt, ein Mensch, ganz sinnlich Mensch, und doch auch entrückt im Licht einer Kraft, die die irdischen Fesseln abgeworfen hat.

Romy S.

Ich habe Romy in Berlin kennengelernt.
Und war zum ersten Mal ihr Partner.
Fragen Sie mich nicht nach dem Datum.
Romys Jahre, ihr Alter, haben ihr Leben nie gezeichnet.
Jetzt hat sie kein Alter mehr.
Sie ist ewig, im Raum und im Bild.
Damals lebte sie im Verborgenen.
Ohne Worte habe ich begonnen, ihre Geheimnisse zu entdecken.
Und schweige.
Bis zu ihrem Tod haben wir uns beobachtet, belauert – in ihrer Arbeit,
    ihren Leidenschaften, ihrem Lachen und ihrer Angst.
Ich war ihr beschützender Freund, sie die Begleiterin meiner Torheiten.
Ihre Blicke. Die flüchtig hingeworfenen Aufzeichnungen. Wenig Worte.
Langes Warten. Brutalitäten. Unendliche Zärtlichkeiten.
Wir waren Freunde, im Geheimen.
Ich habe noch ein Radio, das wir zusammen gekauft haben.
    Ich behalte es. Als Reliquie.
    Und verstumme.

Michel Piccoli
Paris, Februar 1992

1. Romy als Kind, eine private Aufnahme

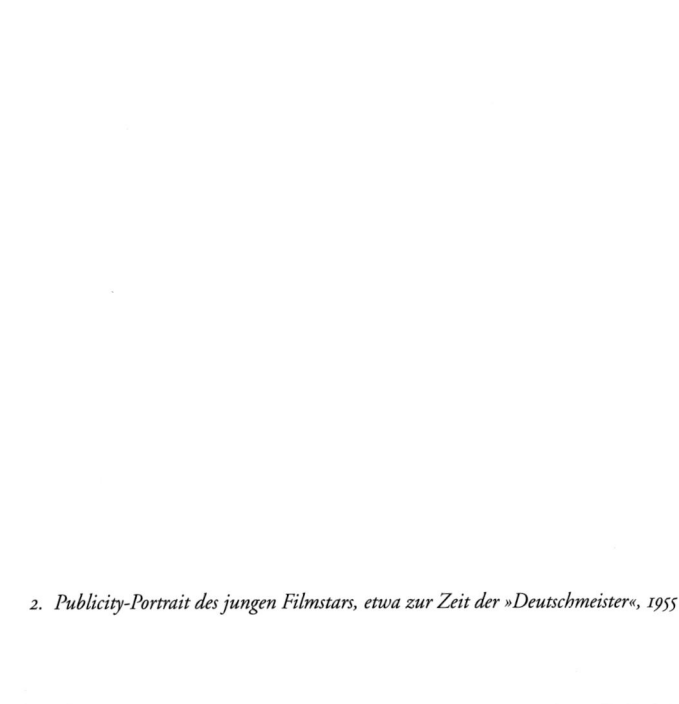

2. Publicity-Portrait des jungen Filmstars, etwa zur Zeit der »Deutschmeister«, 1955

3. Mit Mutter Magda Schneider beim 5. Internationalen Filmfestival in Berlin, 1955

4. Badenixe in Ballerina-Pose: Romy mit sechzehn, 1954

5. *Der erste »Sissi«-Film, 1955*

6. Publicity-Portrait als Sissi, 1955

7. Sissi, die blutjunge Kaiserin, 1955

8. Das Kaiserpaar: Karlheinz Böhm und Romy Schneider in »Sissi«, 1955

9. Publicity-Portrait als Sissi, 1955

10. Mit Strohhut und Dackel während der Dreharbeiten zum zweiten »Sissi«-Film, 1956

11. *Szenenphoto mit Karlheinz Böhm aus* »Sissi – Die junge Kaiserin«, *1956*

12. Sissi III: »Schicksalsjahre einer Kaiserin«. Romy bei den Dreharbeiten in Venedig.
Photo: Max Scheler, 1957

13. Mit Magda Schneider als Herzogin Ludovica in »Schicksalsjahre einer Kaiserin«, Korfu 1957.

14. *Publicity-Portrait mit Hase, um 1957. Photo: Arthur Grimm*
15. *Mit Magda Schneider und Karlheinz Böhm beim Filmfestival in Cannes, 1957*

16. »Monpti«, mit Horst Buchholz als Partner, entstand 1957 in Paris

17. Szenenphoto mit Horst Buchholz aus »Monpti«, 1957

18. Publicity-Portrait für »Scampolo«, der ebenfalls 1957 auf Ischia gedreht wurde

19. Eine schicksalhafte Begegnung: Romys Partner in »Christine« ist der junge Alain Delon.
Das Photo entstand während der Dreharbeiten im Juli 1958

20. *Sam Levin photographierte Romy Schneider und Alain Delon*
während der Dreharbeiten zu »Christine«, 1958

21. Szenenphoto aus »Christine«, 1958

22. Ende 1958 spielt Romy unter der Regie von Rolf Thiele die Titelrolle in »Die Halbzarte«

*23. Noch einmal als süßes Wiener Mädel: Romy mit Helmut Lohner
in »Die schöne Lügnerin«, 1959*

24. *Szenenphoto aus »Die schöne Lügnerin«, 1959*

25. Die Entscheidung für Alain und Frankreich ist gefallen:
Romy und Alain Delon auf dem Flughafen in Orly, März 1959

26. Romy bei einer Schallplattenaufnahme
mit dem Komponisten Martin Böttcher, Oktober 1959

27. Ihren ersten großen Erfolg in Frankreich feiert sie 1961 auf der Bühne des Théâtre de Paris:
unter Viscontis Regie spielt Romy neben Alain Delon – hier nach einer Theaterprobe –
die weibliche Hauptrolle in »Schade, dass sie eine Dirne ist«
von dem Shakespeare-Zeitgenossen John Ford

28. *Romy begleitet Alain Delon zu den Dreharbeiten von »Rocco und seine Brüder«,*
hier mit Max Cartier und Luchino Visconti im September 1960

29. Spaghetti-Essen mit Alain Delon in Rom, Oktober 1959

30. Romys Verwandlung in eine Pariserin: Anprobe bei Coco Chanel, Paris 1961.
Photo: Giancarlo Botti

31. Geschwisterliebe zur Zeit der Renaissance: Romy und Alain Delon in John Fords Theaterstück »Schade, dass sie eine Dirne ist«, inszeniert von Luchino Visconti, Paris 1961

32. Portrait von Sam Levin, Paris 1959

33. Dramatisch ausgeleuchtet: Studioportrait von Sam Levin, Paris 1959

34. Gemeinsame Filmpläne: Romy im Gespräch mit Luchino Visconti, Paris 1961.
Photo: Roger Fritz

35. Glamourportrait von Sam Levin, Paris 1960

36. Portrait von Sam Levin, 1963

37. Schnappschuss von Roger Fritz, Paris 1961

38. Starportrait im weißen Nerz von Sam Levin, Paris, ca. 1960

39. Mit »Boccaccio 70« von Luchino Visconti gelingt Romy der Durchbruch zum internationalen Film. Szenenphoto von Roger Fritz, 1961

40. Visconti gibt Romy Schneider Anweisungen bei den Dreharbeiten
zu »Boccaccio 70«. Photo: Roger Fritz, 1961

41. Romy als Gräfin mit ihrem Film-Ehemann Thomas Milian in »Boccaccio 70«.
Szenenphoto von Roger Fritz, 1961

42.–43. Die erotischste Verführungsszene im Kino der 60er Jahre:
Szenenphotos aus »Boccaccio 70«, 1961

44. Szenenphoto aus »Boccaccio 70«, 1961

45. Mehr als ein Statussymbol: das offizielle Starportrait des Studio Harcourt, Paris, ca. 1960

Studio Harcourt
PARIS

*46. Zwei umjubelte Stars aus dem Episodenfilm »Boccaccio 70«: Romy Schneider
und Sophia Loren beim 15. Filmfestival in Cannes, Mai 1962*

*47. Romy selbstbewusst und verführerisch: während der Dreharbeiten zu dem Nouvelle Vague-Film
»Der Kampf auf der Insel« von Alain Cavalier, dem ehemaligen Regieassistenten von Louis Malle, 1961*

48. Die vollendete Pariserin: Portrait Romy Schneider, ca. 1962

49. Portrait von Douglas Kirkland, ca. 1962

50. Romy als Leni in Orson Welles' Verfilmung von Kafkas »Der Prozess«, 1962

51. Portraitstudie von Emil Schulthess in Romys Landhaus bei Paris, 1963

52. Szenenphoto mit Michael Callan aus »Die Sieger« von Carl Foreman, eine amerikanische Produktion,
die 1962 in London in englischer Sprache gedreht wird

53. *Die vier Augen einer Katze: Publicity-Portrait 1964*

54. *Nach der Trennung von Alain Delon im Herbst 1963 geht Romy nach Hollywood:*
Szenenphoto mit Peter O'Toole aus »Was gibt's Neues, Pussy?«, 1964

55. Stippvisite in München. Photo: Otfried Schmidt, 1964

*56. Während der Dreharbeiten zu »Der Kardinal« in Boston, Hollywood,
Rom und Wien wird Romy 21 Jahre alt, 1963*

57. Szenenphoto aus »Halb elf in einer Sommernacht«, 1965

58. Melina Mercouri und Romy Schneider in »Halb elf in einer Sommernacht«, 1965

59. Szenphoto während der Dreharbeiten zu »Halb elf in einer Sommernacht« in Spanien, 1965

*60.–61. Nach dem Drehbuch von Marguerite Duras entsteht 1965 die deutsch/französische
Coproduktion »Schornstein Nr.4«; Drehorte sind das Ruhrgebiet und Berlin,
Romys Partner ist zum erstenmal Michel Piccoli. Photos: Heinz Köster*

62. *Familienglück: Romy, Harry Meyen und David,*
der im Dezember 1966 in Berlin zur Welt kam

63. Am Set von »Otley«, London 1968

64. 1968 steht sie wieder, zum erstenmal seit der Trennung, mit Alain Delon vor der Kamera. Photo von Philippe Le Tellier während der Dreharbeiten zu dem Krimi »Der Swimmingpool« in Südfrankreich

65. Szenenphoto aus »Der Swimmingpool«, 1968. Photo: Philippe Le Tellier

66. Die Liebesszenen mit
Alain Delon in »Der Swimmingpool« kommentiert Romy sachlich:
»Für diese Art Szenen ist es besser,
die Haut eines Freundes statt die
eines Fremden zu berühren«.
Photo: Jean-Pierre Bonnotte, 1968

67. Mit Alain Delon während der Dreharbeiten zu »Der Swimmingpool«, August 1968.
Photo: Jean-Pierre Bonnotte

68. Mit Sohn David in Saint Tropez während der Dreharbeiten
zu »Der Swimmingpool«, August 1968

69. Portraitstudie während der Dreharbeiten zu »Der Swimmingpool«, August 1968.

Photo: Jean-Pierre Bonnotte

folgende Doppelseite:

70. Eines des schönsten und erotischsten Filmbilder von Romy Schneider:

Szenenphoto aus »Der Swimmingpool«, 1968

71. Die Hauptdarsteller von »Der Swimmingpool« bei der Premierenfeier 1969 in Paris:
Maurice Ronet, Romy Schneider, Alain Delon, Jane Birkin. Photo: Tony Grylla

72. Portrait Romy Schneider, Anfang der 70er Jahre

73. Portrait Romy Schneider von Douglas Kirkland am Set von »Inzest«, London 1969

74. *Noch einmal Douglas Kirkland während der Dreharbeiten zu »Inzest« in London, Juni 1969*

75. *Romy Schneider und Maurice Ronet in »Die Geliebte des anderen«, 1970*

76. Szenenphoto aus »Die Geliebte des anderen«, 1970

*77. Mit einer Portraitserie feiert »Paris Match« Romy Schneider
als »das schönste Geschenk seit Marlene Dietrich«.
Photo: Azoulay, April 1970*

78.– 79. Als Prostituierte Lilly in Claude Sautets »Das Mädchen und der Kommissar«
spielt Romy wieder an der Seite von Michel Piccoli, 1970

80. Das dramatische Finale: Szenenphoto mit Michel Piccoli
aus »Das Mädchen und der Kommissar«, 1970

vorhergehende Doppelseite:

81. Portrait Romy Schneider von Tassilo Trost, ca. 1971

82. Sissi ist erwachsen geworden: in Viscontis »Ludwig II.« spielt Romy noch einmal
die österreichische Kaiserin Elisabeth. Photo: Tom Murray, 1972

83. Im Gespräch mit Luchino Visconti, 1972. Photo: Otfried Schmidt

84. *Visconti und seine k. u. k.-Hauptdarsteller: Helmut Berger als Ludwig II.
und Romy als Elisabeth von Österreich, 1972*

folgende Doppelseite:
85. *Szenenphoto mit Helmut Berger aus »Ludwig II.«, 1972*

86. Portraitstudie der britischen Photographin Eva Sereny, Rom 1971

87. Die legendäre nächtliche Photosession mit Eva Sereny, aus der diese Aktstudie stammt,
kam spontan auf Romys Wunsch zustande, Rom 1971

88. Sommerliche Impressionen: Portrait Romy Schneider von Emil Perauer, August 1972

89.– 91. Ferien an der Côte d'Azur: Aktstudien von Emil Perauer, August 1972

92. »*Nur ein Hauch von Glück*« *nach einem Roman von Georges Simenon.*
Photo: Michel Ginfray während der Dreharbeiten, Juli 1973

93. Szenenphoto mit Partner Jean-Louis Trintignant aus »Nur ein Hauch von Glück«.
Photo: Michel Ginfray, 1973

94. Szenenphoto aus
»Das wilde Schaf«, 1973,
mit Jean-Louis Trintignant

95. Romy in ihrer Pariser Wohnung. Photo: Helga Kneidl, 1973

96. Szenenphoto aus »Trio Infernal«, 1973/74, der auf einem authentischen Fall aus dem Jahr 1931 basiert und der schwärzeste Film ist, den Romy gedreht hat

97. *Unter der Regie des Andrej Wajda-Schülers Andrzej Zulawski
spielt Romy Schneider 1974 in »Nachtblende« eine Schauspielerin,
die in ihrem Beruf scheitert, aber die große Liebe findet*

98. Szenenphoto aus »Nachtblende«, 1974

101. Close-up, »Die Unschuldigen mit den schmutzigen Händen«, 1974

102. Szenenphoto aus »Die Unschuldigen mit den schmutzigen Händen«, 1974

*103. Der Photograph Giancarlo Botti begleitete Romys Pariser Jahre ab 1960;
diese Aktstudie entstand 1974 in ihrer Wohnung in Paris*

*104.–105. Am 18. Dezember 1975 heiratet Romy Schneider ihren Privatsekretär Daniel Biasini;
die Trauung findet in Berlin statt, gefeiert wird am selben Abend in Paris. Photos: Michel Artault*

106.– 107. Robert Lebeck, berühmter »Stern«-Photograph, portraitierte Romy Schneider während der Dreharbeiten zu »Gruppenbild mit Dame« nach dem Roman von Heinrich Böll, 1976/77

*108. Portraitstudie von Robert Lebeck während der Dreharbeiten
zu »Gruppenbild mit Dame«, 1976/77*

109. *Noch einmal »Gruppenbild mit Dame«:*
Szenenphoto von Giancarlo Botti, 1976/77

*110. Romy Schneider und Daniel Biasini bei der Eröffnung des 31. Filmfestivals in Cannes, Mai 1978.
Photo: Bertrand Laforêt*

*111. Ihren zweiten César bekommt Romy Schneider im Februar 1979 für ihre Rolle
in »Eine einfache Geschichte« von Claude Sautet. Photo: Benoît Gysembergh*

112. Szenenphoto aus »Das Verhör«, 1981. Ihre Partner sind Lino Ventura und Michel Serrault

113. Mit Michel Piccoli in ihrem letzten Film, »Die Spaziergängerin von Sanssouci«, 1982

114. Szenenphoto aus »Die Spaziergängerin von Sanssouci«, 1982

115. Noch einmal das berühmte strahlende Lächeln.
Photo: J. L. Urli, 1980/81

Biographie

1938 Am 23. September wird Romy Schneider unter dem bürgerlichen Namen Rosemarie Magdalena Albach als erstes Kind des Schauspieler-Ehepaars Magda Schneider und Wolf Albach-Retty geboren. Die Eltern sind in Deutschland und Österreich populäre Film- und Bühnenstars.

1939 Im Oktober verlässt die Familie Wien und zieht nach Schönau bei Berchtesgaden. Hier verbringt Romy die ersten Jahre ihrer Kindheit in der Obhut ihrer Großmutter mütterlicherseits.

1940 Geburt des Bruders Wolfgang.

1944 Im September wird Romy in Berchtesgaden eingeschult.

1945 Ihre Eltern, die seit 1943 getrennt leben, lassen sich scheiden. Romy Schneider kommt in das Internat Goldenstein in der Nähe von Salzburg, das von Augustiner Chorfrauen geleitet wird.

1953 Magda Schneider heiratet den Kölner Hotelier und Großgastronomen Hans Herbert Blatzheim. Romy verlässt – knapp fünfzehnjährig – das Internat. Ihre Mutter schreibt sie zunächst an der Werkkunstschule in Köln ein. Wenig später spielt Romy mit ihrer Mutter in dem Film *Wenn der weiße Flieder wieder blüht* unter der Regie von Hans Deppe. Das Filmdebüt der Fünfzehnjährigen ist so erfolgreich, dass sie bereits im Herbst für den nächsten Film, *Feuerwerk,* verpflichtet wird.

1954 Sie spielt ihre erste Hauptrolle in *Mädchenjahre einer Königin.* Regie führt Ernst Marischka.

1955 Den Schauspielunterricht, den sie am Reinhardt-Seminar nimmt, empfindet sie als zu akademisch. Sie bricht das Studium kurz nach Beginn wieder ab. Unter der Regie von Ernst Marischka dreht sie mit ihrem Partner Karlheinz Böhm den ersten *Sissi*-Film.

1956 Die zweite *Sissy*-Episode entsteht: *Sissi, die junge Kaiserin*. Romy erhält für ihre Rolle den Bambi. Um sich von dem *Sissi*-Image zu befreien, handelt sie aus, mit Horst Buchholz in *Robinson darf nicht sterben* zu spielen.

1957 Im Sommer wird der dritte *Sissi*-Film, *Schicksalsjahre einer Kaiserin*, produziert. Der internationale Erfolg der *Sissi*-Filme macht Romy Schneider zu einer der bekanntesten und beliebtesten Schauspielerinnen des europäischen Kinos.

1958 Während der Dreharbeiten zu *Christine* lernt sie den Filmneuling Alain Delon kennen, der die männliche Hauptrolle spielt. Gegen den Willen ihrer Mutter und ihres Stiefvaters löst sie sich von der Familie und entzieht sich den Geschäftsleuten, die die Vermarktung ihrer künstlerischen Karriere übernommen hatten. Sie zieht zu Alain Delon nach Paris.

1959 Romys Eltern bestehen auf einer offiziellen Verlobung mit Alain Delon. Sie findet am 22. März am Luganer See statt. Romy erfüllt noch ihre vertraglichen Verpflichtungen, die sie mit deutschen Filmproduzenten eingegangen war, und spielt in den Filmen *Ein Engel auf Erden*, *Die schöne Lügnerin* und an der Seite von Curd Jürgens *Katja – Die ungekrönte Kaiserin*. Da sie weitere deutsche Angebote ablehnt und französische noch nicht bekommt, ist sie eine Zeitlang beschäftigungslos. Sie begleitet Alain Delon bei seinen Dreharbeiten.

1960 In Mailand lernt sie Luchino Visconti kennen, unter dessen Regie Alain Delon 1961 *Rocco und seine Brüder* dreht. Visconti bietet ihr die Rolle der Annabella in dem Theaterstück *Schade, dass sie eine Dirne ist* von John Ford, einem Zeitgenossen Shakespeares, an. Für Romy, die bisher noch nie Theater gespielt hat, ist dieses Angebot eine besondere Herausforderung.

1961 Die Premiere des Stücks findet am 29. März im Théâtre de Paris statt; kurz vorher muß sich Romy noch einer Blinddarmoperation unterziehen. In der Sommerpause dreht sie mit Visconti die Episode »Der Job« in dem Film *Boccaccio 70*. Mit diesen beiden Produktionen setzt sie sich beim anspruchsvollen Pariser Publikum durch.

1962 Sie geht mit dem Stück *Die Möwe* von Anton Tschechow, in dem sie die Rolle der Nina spielt, auf Theatertournee. Regie führen Georges Herbert und Sacha Pitoëff. Im selben Jahr spielt sie in Orson Welles' Verfilmung des Kafka-Romans *Der Prozess*. Für die Darstellung der Leni erhält sie im Juni 1963 die Auszeichung Étoile de Cristal der Académie du Cinéma in Paris.

1963 Trennung von Alain Delon.

1964 Im Frühjahr beginnen die Dreharbeiten zu dem Film *Die Hölle*. Regisseur Henri-Georges Clouzot muss die Aufnahmen jedoch schon nach drei Wochen wegen eines Herzinfarkts abbrechen. Im Juni erhält Romy den Publikumspreis La Victoire du Cinéma Français. Im August heiratet Alain Delon Nathalie Barthélemy, die mit dem gemeinsamen Sohn Anthony schwanger ist.

1965 Während eines Aufenthalts in Berlin lernt Romy den deutschen Theaterregisseur und Bühnenschauspieler Harry Meyen kennen. Im Herbst dreht sie mit Melina Mercouri und Peter Finch unter der Regie von Jules Dassin *Halb elf in einer Sommernacht*.

1966 Im Frühjahr steht sie erstmals mit Michel Piccoli vor der Kamera: im Ruhrgebiet wird der Film *Schornstein Nr. 4* gedreht. Gemeinsam mit Harry Meyen spielt sie in *Spion zwischen zwei Fronten*. Während der Dreharbeiten an der Côte d'Azur heiratet sie Harry Meyen (sein bürgerlicher Name ist Haubenstock) in Saint-Jean-Cap-Ferrat am 15. Juli 1966. Sie ziehen nach Berlin. Am 3. Dezember wird der Sohn David-Christopher geboren. Romy zieht sich für fast zwei Jahre ins Privatleben zurück.

1967 Im Winter stirbt Romys Vater Wolf Albach-Retty an einem Herzinfarkt.

1968 Während in den Hauptstädten der westlichen Welt Studenten gegen den Vietnam-Krieg protestieren, arbeitet Romy Schneider an ihrem Comeback. In London dreht sie unter der Regie von Dick Clement den Film *Otley*, in Saint Tropez steht sie wieder mit Alain Delon in dem von Jacques Deray inszenierten Film *Der Swimmingpool* vor der Kamera.

1969 Claude Sautet bietet ihr die weibliche Hauptrolle in dem Film *Die Dinge des Lebens* an. Ihr Partner ist wieder Michel Piccoli. Es ist der erste von fünf Filmen, die Romy mit Sautet dreht.

1970 Anfang des Jahres entsteht der Thriller *Die Geliebte des anderen*, im Sommer dreht sie mit Michel Piccoli *Das Mädchen und der Kommissar*. Im *Stern* bekennt sie sich öffentlich mit Hunderten von Frauen dazu, abgetrieben zu haben.

1971 Sie dreht mit Alain Delon den Film *Das Mädchen und der Mörder* unter der Regie von Joseph Losey.

1972 Neben Helmut Berger steht sie in dem Film *Ludwig II.* unter Viscontis Regie vor der Kamera.

1973 Trennung von Harry Meyen.

1974 Sie übernimmt die Rolle der Nadine Chevalier in dem Film *Nachtblende* des polnischen Regisseurs Andrzej Zulawski und spielt in Claude Chabrols Film *Die Unschuldigen mit den schmutzigen Händen*.

1975 Die Scheidung von Romy Schneider und Harry Meyen wird im Juni ausgesprochen. Am 18. Dezember heiratet sie den zehn Jahre jüngeren Daniel Biasini, den sie zuvor als Privatsekretär beschäftigt hatte.

1976 Die Zeitschrift *Ciné Revue* verleiht ihr im Februar den Grand Prix International. Am 3. April erhält sie im Palais des Congrès den César – der französische Oscar – für die beste weibliche Hauptrolle in Andrzej Zulawskis *Nachblende*. Sie widmet den Preis Luchino Visconti, der am 17. März gestorben war. In diesem Jahr dreht sie drei Filme: *Die Frau am Fenster*, *Mado* und *Gruppenbild mit Dame*.

1977 Für die Rolle der Leni in *Gruppenbild mit Dame* erhält sie als beste Darstellerin am 24. Juni das Filmband in Gold des Deutschen Filmpreises. Am 21. Juli wird Sarah Magdalena, ihre Tochter aus der Ehe mit Daniel Biasini, in Grassin bei Saint Tropez geboren.

1978 Der fünfte Film mit Claude Sautet entsteht: *Eine einfache Geschichte*.

1979 Für ihre Rolle in *Eine einfache Geschichte* wird Romy Schneider mit einem zweiten César ausgezeichnet. Am 15. April nimmt sich ihr geschiedener erster Mann Harry Meyen in seiner Hamburger Wohnung das Leben.

1980 Ihre Großmutter väterlicherseits, die Burg-Schauspielerin Rosa Albach-Retty, stirbt im Alter von 105 Jahren. Für ihr künstlerisches Gesamtwerk und ihre Darstellung der Marie in dem Film *Eine einfache Geschichte* erhält Romy Schneider den italienischen Oscar, den Davide di Donatello.

1981 Im Februar trennt sie sich von Daniel Biasini und liiert sich mit Laurent Petin, einem jungen Produktionsassistenten, den sie während der Dreharbeiten des Films *Die Frau am Fenster* kennengelernt hatte. Am 5. Juli stirbt ihr Sohn David; er hatte sich bei dem Versuch, über ein Gartentor zu springen, tödliche Verletzungen zugezogen.

1982 Unter der Regie von Jacques Rouffio und Jacques Kirsner dreht sie ihren letzten Film, *Die Spaziergängerin von Sanssouci*; sie hatte das Projekt selbst angeregt und widmet den Film ihrem Sohn David und seinem Vater. Mit Laurent Petin zieht sie in eine gemeinsame Wohnung im siebten Pariser Arrondissement.

In der Nacht zum 29. Mai 1982 stirbt Romy Schneider im Alter von 43 Jahren in ihrer Pariser Wohnung. Die offizielle Todesursache ist »Herzversagen«. Am 2. Juni wird sie in Boissy-sans-Avoir beigesetzt.

Filmographie

1. *Wenn der weiße Flieder wieder blüht*
   1953, Deutschland
   (mit Magda Schneider, Willy Fritsch,
   Paul Klinger) Regie: Hans Deppe

2. *Feuerwerk*
   1954, Deutschland
   (mit Lilli Palmer, Karl Schönböck,
   Claus Biederstaedt)
   Regie: Kurt Hoffmann

3. *Mädchenjahre einer Königin*
   1954, Österreich
   (mit Magda Schneider, Adrian Hoven,
   Paul Hörbiger) Regie: Ernst Marischka

4. *Die Deutschmeister*
   1955, Österreich
   (mit Magda Schneider, Hans Moser,
   Paul Hörbiger) Regie: Ernst Marischka

5. *Der letzte Mann*
   1955, Deutschland
   (mit Hans Albers, Joachim Fuchsberger)
   Regie: Harald Braun

6. *Sissi*
   1955, Österreich
   (mit Karlheinz Böhm, Magda Schneider,
   Gustav Knuth) Regie: Ernst Marischka

7. *Sissi, die junge Kaiserin*
   1956, Österreich
   (mit Karlheinz Böhm, Magda Schneider,
   Gustav Knuth) Regie: Ernst Marischka

8. *Kitty und die große Welt*
   1956, Deutschland
   (mit Karlheinz Böhm, O. E. Hasse,
   Charles Regnier)
   Regie: Alfred Weidenmann

9. *Robinson soll nicht sterben*
   1956, Deutschland
   (mit Horst Buchholz, Erich Ponto,
   Mathias Wiemann)
   Regie: Josef von Baky

10. *Monpti*
    nach dem Roman von Gábor von Vaszary 1957, Deutschland
    (mit Horst Buchholz)
    Regie: Helmut Käutner

11. *Scampolo*
    1957, Deutschland
    (mit Paul Hubschmid, Viktor de Kowa)
    Regie: Alfred Weidenmann

12. *Schicksalsjahre einer Kaiserin*
    1957, Österreich
    (mit Karlheinz Böhm, Magda Schneider,
    Gustav Knuth) Regie: Ernst Marischka

13. *Mädchen in Uniform*
    1958, Deutschland/Frankreich
    (mit Lilli Palmer, Therese Giese)
    Regie: Geza Radvanyi

14. *Christine*
nach dem Schauspiel *Liebelei*
von Arthur Schnitzler
1958, Frankreich/Italien
(mit Alain Delon, Jean-Claude Brialy)
Regie: Pierre Gaspard-Huit

15. *Die Halbzarte*
1958, Österreich
(mit Carlos Thompson, Magda Schneider)
Regie: Rolf Thiele

16. *Ein Engel auf Erden*
1959, Deutschland/Frankreich
(mit Henri Vidal)
Regie: Geza Radvanyi

17. *Die schöne Lügnerin /*
La Belle et l'Empereur
1959, Deutschland/Frankreich
(mit Jean-Claude Pascal,
Helmut Lohner, Charles Regnier)
Regie: Axel von Ambesser

18. *Katja – die ungekrönte Kaiserin*
1959, Frankreich
(mit Curd Jürgens)
Regie: Robert Siodmak

19. *Boccaccio 70*
1961, Italien/Frankreich
Zweite Episode: *Der Job / Il Lavoro*
nach der Novelle *Au bord du lit* von
Guy de Maupassant
(mit Thomas Milian, Paolo Stoppa)
Regie: Luchino Visconti

20. *Der Kampf auf der Insel /*
Le combat dans l'île
1961, Frankreich

(mit Jean-Louis Trintignant,
Henri Serre)
Regie: Alain Cavalier

21. *Der Prozess / Le procès*
nach dem Roman von Franz Kafka
1962, Frankreich/Deutschland/Italien
(mit Anthony Perkins, Jeanne Moreau,
Orson Welles) Regie: Orson Welles

22. *Die Sieger / The Victors*
nach dem Roman *The Human Kid*
von Alexander Baron
1962, USA
(mit George Hamilton,
James Mitchum, Peter Fonda)
Regie: Carl Foreman

23. *Der Kardinal / The Cardinal*
nach dem Roman von
Henry M. Robinson
1963, USA
(mit Tom Tryon, Raf Vallone,
John Huston)
Regie: Otto Preminger

24. *Leih mir deinen Mann /*
Good Neighbour Sam
nach dem Roman von Jack Finney
1963/64, USA
(mit Jack Lemmon, Michael Connors,
Edward G. Robinson)
Regie: David Swift

25. *L'Enfer* (unvollendet)
1964, Frankreich
(mit Dany Carrel, Serge Reggiani)
Regie: Henri-Georges Clouzot

26. *Was gibt's Neues, Pussy? /*
What's New Pussycat?
1964, Großbritannien/Frankreich
(mit Peter Sellers, Peter O'Toole,
Woody Allen)
Regie: Clive Donner
Drehbuch: Woody Allen

27. *Halb elf in einer Sommernacht /*
10:30 P.M. Summer
1965, USA/Spanien
(mit Melina Mercouri, Peter Finch)
Regie: Jules Dassin
Drehbuch: Jules Dassin,
Marguerite Duras

28. *Schornstein Nr. 4 / La voleuse*
1966, Frankreich/Deutschland
(mit Michel Piccoli,
Hans-Christian Blech)
Regie: Jean Chapot
Drehbuch: Marguerite Duras
und Jean Chapot

29. *Spion zwischen zwei Fronten / Triple Cross*
1966, Großbritannien/Frankreich/
Deutschland
(mit Christopher Plummer, Gert Fröbe,
Harry Meyen)
Regie: Terence Young

30. *Otley*
1968, Großbritannien
(mit Tom Courtenay)
Regie: Dick Clement

31. *Der Swimmingpool / La piscine*
1968, Frankreich/Italien
(mit Alain Delon, Maurice Ronet,
Jane Birkin)
Regie: Jacques Deray

32. *Inzest / My Lover, my Son*
1969, Großbritannien
(mit Donald Houston,
Dennis Waterman)
Regie: John Newland

33. *Die Dinge des Lebens / Les choses de la vie*
nach dem Roman von Paul Guimard
1969, Frankreich/Italien
(mit Michel Piccoli, Léa Massari)
Regie: Claude Sautet

34. *Die Geliebte des anderen / Qui?*
1970, Frankreich/Italien
(mit Maurice Ronet, Gabriele Tinti)
Regie: Leonhard Keigel

35. *Bloomfield*
nach einer Novelle von Joseph Gross
1970, Großbritannien/Israel
(mit Richard Harris)
Regie: Richard Harris

36. *La Califfa*
1970, Italien/Frankreich
(mit Ugo Tognazzi)
Regie: Alberto Bevilacqua

37. *Das Mädchen und der Kommissar /*
Max et les ferrailleurs
1970, Frankreich/Italien
(mit Michel Piccoli)
Regie: Claude Sautet

38. *Das Mädchen und der Mörder*
1971, Frankreich/Italien/Großbritannien
(mit Alain Delon, Richard Burton)
Regie: Joseph Losey

39. *Ludwig II.*
1972, Italien/Frankreich/Deutschland
(mit Helmut Berger, Trevor Howard,

Silvana Mangano)
Regie: Luchino Visconti

40. *César und Rosalie*
1972, Frankreich/Italien/Deutschland
(mit Yves Montand, Sami Frey)
Regie: Claude Sautet

41. *Nur ein Hauch von Glück / Le train*
nach dem Roman von Georges Simenon
1973, Frankreich/Italien
(mit Jean-Louis Trintignant)
Regie: Pierre Granier-Deferre

42. *Sommerliebelei / Un amour de pluie*
1973, Frankreich/Deutschland/Italien
(mit Nino Castelnuovo)
Regie: Jean-Claude Brialy

43. *Das wilde Schaf / Le mouton enragé*
nach dem Roman von Roger Blondel
1973, Frankreich/Italien
(mit Jean-Louis Trintignant, Jane Birkin)
Regie: Michel Deville

44. *Trio Infernal*
1973/74, Frankreich/Italien/Deutschland
(mit Michel Piccoli, Mascha Gonska,
Monica Fiorentini)
Regie: Francis Girod

45. *Nachtblende / L'importance c'est d'aimer*
1974, Frankreich/Italien/Deutschland
(mit Fabio Testi, Jacques Dutronc,
Klaus Kinski)
Regie: Andrzej Zulawski

46. *Die Unschuldigen mit den schmutzigen*
Händen / Les innocents aux mains sales
1974, Frankreich/Italien/Deutschland
(mit Rod Steiger, Paolo Giusti)
Regie: Claude Chabrol

47. *Das alte Gewehr / Le vieux fusil*
1975, Frankreich/Deutschland
(mit Philippe Noiret)
Regie: Robert Enrico

48. *Die Frau am Fenster /*
Une femme à sa fenêtre
1976, Frankreich/Italien/Deutschland
(mit Philippe Noiret, Victor Lanoux,
Umberto Orsini)
Regie: Pierre Granier-Deferre

49. *Mado*
1976, Frankreich/Italien/Deutschland
(mit Michel Piccoli, Ottavia Piccolo,
Jacques Dutronc)
Regie: Claude Sautet

50. *Gruppenbild mit Dame*
nach dem Roman von Heinrich Böll
1976/77, Deutschland/Frankreich
(mit Brad Dourif, Michel Galabru,
Vadim Glowna)
Regie: Aleksandar Petrovic

51. *Eine einfache Geschichte /*
Une histoire simple
1978, Deutschland/ Frankreich
(mit Bruno Cremer, Claude Brasseur)
Regie: Claude Sautet

52. *Blutspur / Bloodline*
1979, USA/Deutschland
(mit Audrey Hepburn, Ben Gazzara,
James Mason)
Regie: Terence Young

53. *Die Liebe einer Frau / Clair de femme*
1979, Frankreich/Italien/Deutschland
(mit Yves Montand)
Regie: Constantin Costa-Gavras

54. *Der gekaufte Tod / La mort en direct*
1979, Frankreich/Deutschland
(mit Harvey Keitel)
Regie: Bertrand Tavernier

55. *Die Bankiersfrau / La banquière*
1980, Frankreich
(mit Jean-Louis Trintignant,
Jean-Claude Brialy, Claude Brasseur)
Regie: Francis Girod

56. *Das Verhör / Garde à vue*
1981, Frankreich
(mit Lino Ventura, Michel Serrault)
Regie: Claude Miller

57. *Die zwei Gesichter einer Frau /*
Fantasma d'amore
1981, Italien
(mit Marcello Mastroianni)
Regie: Dino Risi

58. *Die Spaziergängerin von Sanssouci /*
La passante du Sans-Souci
nach dem Roman von Joseph Kessel
1982, Frankreich/Deutschland
(mit Michel Piccoli, Wendelin Werner,
Helmut Griem)
Regie: Jacques Rouffio, Jacques Kirsner

Theater

Schade, dass sie eine Dirne ist /
Dommage qu'elle soit une putain
von John Ford
1961, Théâtre de Paris (mit Alain Delon)
Inszenierung: Luchino Visconti

Die Möwe / La Mouette
von Anton Tschechow
1962, Frankreich
Tournee mit dem Ensemble
Georges Herbert – Sacha Pitoëff
Inszenierung: Sacha Pitoëff

Fernsehen

Die Sendung der Lysistrata
nach der Komödie von Aristophanes
1961, Deutschland
(mit Barbara Rütting, Ruth M. Kubit-
schek, Wolfgang Kieling)
Drehbuch und Regie: Fritz Kortner

Weltstar des europäischen Kinos:
Das filmische Gesamtwerk von Romy Schneider

Isabelle Giordano
Romy Schneider
Film für Film
Ein Handbuch
256 Seiten, 206 Abbildungen in Farbe und Schwarzweiß

Weltstar des europäischen Kinos:
Das filmische Gesamtwerk von Catherine Deneuve

Isabelle Giordano
Catherine Deneuve
Film für Film
Ein Handbuch
256 Seiten, 200 Abbildungen in Farbe und Schwarzweiß

Photographische Erinnerungen an
Audrey Hepburn

Adieu Audrey
Erinnerungen an Audrey Hepburn
Deutsch/Englische Ausgabe
144 Seiten, 89 Abbildungen in Farbe und Duotone

Die Gespräche, die Bilder und der Originalfilm
»Romy. Portrait eines Gesichts«

Hans-Jürgen Syberberg
Romy in Kitzbühel 1965
Texte, Photographien, Filmstills und der Film
Romy. Portrait eines Gesichts auf DVD (60 min.)
80 Seiten, 60 Duotone-Tafeln

Lithos: Nova Concept, Berlin
Satz: Fotosatz Huber, Germering
Druck und Bindung: Gorenjski tisk, Slowenien

ISBN 978-3-8296-0857-2
Eine Schirmer/Mosel Produktion
www.schirmer-mosel.com